BEI GRIN MACHT SICH IHR WISSEN BEZAHLT

Andrea Reinbold

Chancen und Risiken einer auf Großprojekte gestützten Strategie der Stadtentwicklung

GRIN Verlag

Bibliografische Information der Deutschen Nationalbibliothek:

Die Deutsche Bibliothek verzeichnet diese Publikation in der Deutschen National-
bibliografie; detaillierte bibliografische Daten sind im Internet über http://dnb.d-
nb.de/ abrufbar.

Impressum:

Copyright © 2010 GRIN Verlag, Open Publishing GmbH
Druck und Bindung: Books on Demand GmbH, Norderstedt Germany
ISBN: 978-3-640-96399-7

Dieses Buch bei GRIN:

http://www.grin.com/de/e-book/175434/chancen-und-risiken-einer-auf-grossprojekte-
gestuetzten-strategie-der-stadtentwicklung

GRIN - Your knowledge has value

Der GRIN Verlag publiziert seit 1998 wissenschaftliche Arbeiten von Studenten, Hochschullehrern und anderen Akademikern als eBook und gedrucktes Buch. Die Verlagswebsite www.grin.com ist die ideale Plattform zur Veröffentlichung von Hausarbeiten, Abschlussarbeiten, wissenschaftlichen Aufsätzen, Dissertationen und Fachbüchern.

Besuchen Sie uns im Internet:

http://www.grin.com/

http://www.facebook.com/grincom

http://www.twitter.com/grin_com

Humboldt-Universität zu Berlin

Geographisches Institut

Chancen und Risiken einer auf Großprojekte gestützten Strategie der Stadtentwicklung

Lehrveranstaltung: OS Stadtentwicklung durch Großvorhaben,
Sommersemester 2010

Bearbeitung: Andrea Reinbold

Berlin, den 21. Juli 2011

Inhaltsverzeichnis

Abbildungsverzeichnis

1 Projektorientierung in der Stadtentwicklungspolitik

Städtebauliche Großvorhaben sind zu einem beliebten Instrument der jüngeren Stadtpolitik geworden. Hierzu zählen bauliche Großprojekte aber auch die Veranstaltung von Großereignissen, die zu temporären oder oftmals auch dauerhaften Änderungen im Stadtgefüge führen. Mag seit jeher ein Zusammenhang zwischen Großereignissen und Stadtentwicklung bestehen, hat sich dieser jedoch angesichts des Strukturwandels von der Industrie- zur Dienstleistungsgesellschaft in den letzten beiden Jahrzehnten zunehmend vertieft. So wird Festivalisierung als systematisches Instrument der Stadtpolitik eingesetzt, und umgekehrt betrachtet werden in der Großereignisplanung immer systematischer Strategien der Stadtentwicklung durchgesetzt (ALTROCK 2007, S. 719).

Eine klare Definition von Großprojekten ist dabei nicht immer ohne weiteres möglich, es gibt jedoch einige Faktoren, die ein Projekt in aller Regel aufweist, die eine Zuordnung zur Gruppe der Großprojekte zulassen. Neben einer langen Vorlaufzeit und Umsetzungsdauer ist es auch die hohe Summe eingesetzter Investitionsmittel, die Inanspruchnahme einer großen Fläche, eine stadt-, regional oder infrastrukturpolitische Funktion, die es zu erfüllen gilt und eine zumeist hohe Anzahl an betroffenen Bürgerinnen und Bürgern, bzw. generell eine hohe Zahl an involvierten Akteuren (HUNING & PETERS 2003, S. 5). Bei Großereignissen sind neben der Raumwirksamkeit und Tragweite vor allem die Faktoren der absoluten und relativen Größe sowie der stadtpolitische Mobilisierungsgrad des Ereignisses von Bedeutung (ALTROCK 2007, S. 720).

Bei der Planung von derartigen Projekten und Ereignissen werden dabei oft umfangreiche Potenziale für neue Nutzungen erkannt und nach Möglichkeit im weiteren Verlauf in den Großprojekten und Großereignissen umgesetzt. Hierbei spielen nicht nur innerstädtische Brach- und Umstrukturierungsflächen wie alte Industrie-, Hafen- oder Konversionsflächen eine Rolle, sondern auch in zunehmendem Maße Neuentwicklungen auf der grünen Wiese. Aber auch die Verlagerung bisheriger Nutzungen bietet Möglichkeiten für, im stadtentwicklungspolitischen Prozess und Wandel des Stadtbildes, höchst interessante Nachnutzungen. Da die meisten Großvorhaben erheblichen Einfluss auf die Ökonomie, Ökologie, Stadtstruktur, das Sozialleben und im weiteren Sinn zumeist auch auf die Region haben, sind diese von herausragender Bedeutung für die Stadtentwicklung (HEINEBERG 2006, S. 248ff).

Grundsätzlich ist zunächst festzuhalten, dass es zwei grundlegend verschiedene Dimensionen der Projektorientierung in der Planung gibt. So kann sich Planung durch Großprojekte vollziehen, wobei diese Mittel zum Zweck und in eine umfassendere Planungsstrategie eingebettet sind. Beispiele hierfür können der Bau eines Urban Entertainment Centers als integrativer Bestandteil zur Innenstadt-Revitalisierung sein oder die Ansiedelung eines Technologieparks zur Bildung eines neuen Images für einen Stadtteil. Ungenutzte Flächen können so revitalisiert und dem Nutzungsgefüge der Stadt wieder zugeführt werden (HUNING & PETERS 2003, S. 7). Planung kann aber auch durch Großprojekte überhaupt erst in Gang gesetzt oder von diesen unterstützt werden, wie es beispielsweise bei bevorstehenden Weltausstellungen häufig der Fall ist. Die Planung von Veranstaltungsorten, Unterkünften und Infrastruktur hierfür ergibt sich, zumindest bei erstmaligem Stattfinden der Veranstaltung, erst im Laufe der Umsetzung der

Vorbereitungsmaßnahmen für die Weltausstellung. Ebenso verhält es sich mit der weitergehenden Infrastruktur eines neuen Flughafens oder Bahnhofs, sei es der Ausbau von Zufahrtsstraßen oder die Anbindung an das Schienenverkehrsnetz (HUNING & PETERS 2003, S. 7). Es gilt also festzuhalten: *„Planung verändert sich, wenn sie projektförmig verläuft, insbesondere dann, wenn es sich um ein Großprojekt handelt. Die rahmensetzende Funktion der Planung tritt hier zugunsten einer stärkeren Handlungsorientierung in den Hintergrund"* (HUNING & PETERS 2003, S. 8).

Idealerweise würde dies bedeuten, dass Großprojekte bei der Umsetzung bereits in eine umfassende städtische oder regionale Entwicklungspolitik eingebettet sind, so dass mögliche Wechselwirkungen mit anderen raumrelevanten Prozessen sowie potenzielle Rückkopplungseffekte frühzeitig Berücksichtigung finden (HUNING & PETERS 2003, S. 8 f). Dadurch erfolgt primär eine qualitative Verbesserung der städtebaulichen Struktur und damit verbunden eine Erhöhung der Attraktivität des betroffenen städtischen Raumes (BUNZEL & SANDER 1999, S. 10). In der Realität zeigt sich jedoch häufig, dass Großprojekte angesichts ihrer Komplexität oftmals vorab beschlossen werden, lange bevor die entsprechenden Pläne publik gemacht werden. Aufgrund der sich rasch entwickelnden Eigendynamik bleibt so wenig Raum für Gegenstimmen und Gegenargumente, insbesondere dann wenn ein hoher finanzieller Aufwand mit der Umsetzung der Projektidee verbunden ist. Auch fehlt es an Anknüpfungspunkten für einen geordneten Rückzug oder Projektmodifikationen, die beispielsweise aufgrund von sich ändernden Rahmenbedingungen oftmals von Nöten wären (HUNING & PETERS 2003, S. 9). Die Hauptgefahr bei dieser Planung durch große Ereignisse besteht vor allem darin, dass diese in Ihrer Art und Nachnutzung nur unzureichend in das städtische Gesamtkonzept eingepasst sind, Maßstäbe unterschätzt, zumeist jedoch aber deutlich überschätzt werden und die Auswirkungen des Projekts auf Standortqualität und Image ebenso ungenau vorherzusagen sind, wie die tatsächlichen Kosten, die mit der Umsetzung und Instandhaltung verbunden sind.

Eine auf Großprojekte gestützte Strategie der Stadtentwicklung bietet also zum einen die Möglichkeit, Entwicklung zu forcieren und voranzutreiben, birgt zum anderen aber neben vielen Chancen auch zahlreiche Risiken. Diese gilt es in folgender Arbeit anhand bestehender Diskussionen innerhalb der wissenschaftlichen Forschungsdisziplin zu filtern und einander gegenüberzustellen.

2 Chancen einer auf Großprojekte gestützten Planungsstrategie

Gerade diejenigen Großprojekte, die auf innerstädtischen Brachflächen in der Nähe von 1A-Lagen umgesetzt werden, wecken große Erwartungen seitens der Politik aber auch seitens der Bevölkerung. In der globalisierten Welt die wir heute vorfinden, stehen derartige Projekte unter besonderer medialer Beobachtung. Im regionalen wie internationalen Wettbewerb der Städte garantieren Großprojekte Aufmerksamkeit, erzeugen somit aber auch eine Erwartungshaltung hinsichtlich städtebaulicher wie architektonischer Qualitäten des umzusetzenden Projektes. Angesichts divergierender Vorstellungen über mögliche Nutzungs- und Gestaltungskonzepte scheint es einleuchtend, dass hier bereits ein Konfliktpotenzial innewohnt, da jedes Projekt einem bestimmten Adressatenkreis gewidmet ist und Nicht-Angehörige dieses Kreises somit schnell von enttäuschten Erwartungen und einem Scheitern des Projektes aus Ihrer Sicht sprechen mögen (DZIOMBA & MATUSCHEWSKI 2007, S. 5). Bevor jedoch die Risiken und Problemaspekte der Großprojekteplanung dargestellt werden, sollen zunächst die möglichen positiven Aspekte einer Planung durch Großvorhaben und die damit verbundenen Chancen aus dem wissenschaftlichen Diskurs herausgefiltert und näher erläutert werden.

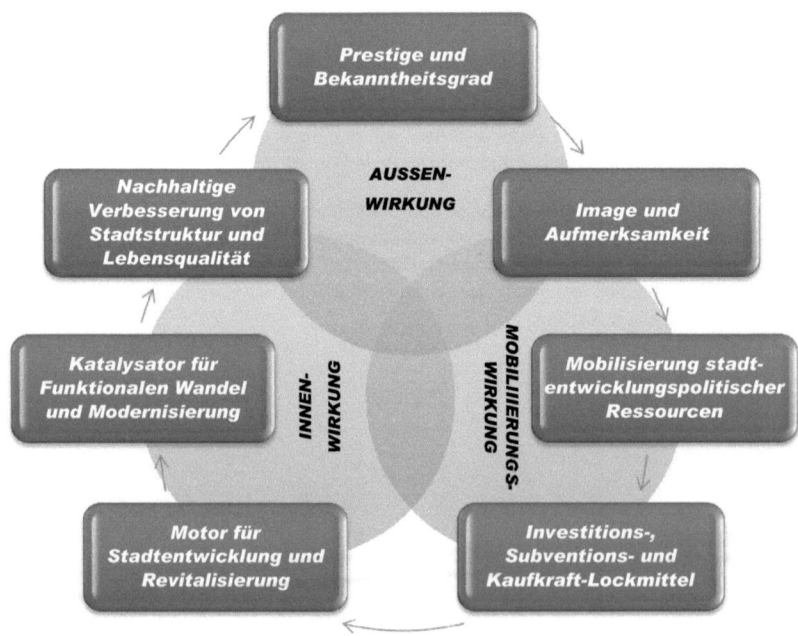

Abbildung 1: Übersicht Chancen, eigene Darstellung

2.1 Außenwirkung

Es kommt nicht von ungefähr, dass städtebauliche Großprojekte der Öffentlichkeit gemeinhin als „Flaggschiffe" und „Leuchtturmprojekte" (SIMONS 2003a, S. 14) der Stadtentwicklung verkauft werden. Sie sind zumeist Prestigeprojekte, die als politisches Instrumentarium dazu genutzt werden, gewinnorientierte Entwicklung in stadtentwicklungspolitisch bedeutsamen Arealen zu forcieren (DZIOMBA 2006, S. 68f). Die Projekte sollen dazu beitragen, das Image einer Stadt nachhaltig zu prägen, in eine neue Richtung zu lenken oder als Alleinstellungsmerkmal aus der Masse der Konkurrenz herauszuheben. Großprojekte versprechen also eine Steigerung des Bekanntheitsgrades, erhöhte Anerkennung und damit verbunden eine Verbesserung der Position in der Hierarchie der Städte und Regionen. Denn nach wie vor herrscht im regionalen wie internationalen Standortwettbewerb die beliebte Strategie vor, erfolgversprechende expandierende Unternehmen oder Organisationen mittels attraktiver Flächenangebote anzulocken und somit mittel- bis längerfristig an die Stadt zu binden. Spektakuläre und imagewirksame Großprojekte sind dabei von Vorteil (DZIOMBA 2007, S. 17), erzeugen diese doch ohne Frage mediale Aufmerksamkeit und Bilder, die sich positiv aufladen lassen und zur Schaffung positiver Assoziationen beitragen (ALTROCK 2007, S. 719).

Die Repräsentation von Städten und deren Wahrnehmung sind auf vielfältige Art und Weise miteinander verflochten, die Beurteilung und Interpretation von Stadtbildern ist aber ebenso wie die Stadtlandschaft an sich nicht starr, sondern in einem stetigen Fluss. Großprojekte können dabei den Wiedererkennungswert einer Stadtlandschaft in hohem Maße beeinflussen und vollkommen neue Stadtbilder erschaffen. (JORDAN 2008, S. 1f). Folglich sind mit dieser Art von Projekten auch visionäre und oftmals breit gefächerte Zielvorstellungen und Erwartungshaltungen seitens der betroffenen Akteure und ansiedelungswilligen Unternehmen, aber auch seitens der Bevölkerung, verknüpft, die es bei der Umsetzung zu erfüllen gilt (DZIOMBA 2006, S. 69). Als Beispiel hierfür sei die Hamburger Elbphilharmonie angeführt, die als „Prachtstück" der neuen Hafencity als Aushängeschild des gesamten Projektes dienen und zum neuen Wahrzeichen der Stadt werden soll. Damit verbunden ist die Hoffnung, im internationalen Ranking der Kulturstätten aufzusteigen und in einem Atemzug mit Städten wie Sydney, New York, London oder Berlin genannt zu werden. Die gesteigerte Attraktivität des Standortes soll zudem Touristen, Kreative und Unternehmer anziehen und so zu erhöhten Einnahmen führen, die langfristig wiederum zur nachhaltigen Verbesserung der Standortqualität beitragen.

Großvorhaben stellen also Zukunftsprojekte dar, die den politischen Willen zur Setzung neuer stadtentwicklungspolitischer Impulse symbolisieren sollen. Die symbolisch aufgeladene Bedeutungsebene und Generierung einer gewissen Aufbruchsstimmung erleichtert die Vermarktung der Projekte und demonstriert Handlungsfähigkeit (SIMONS 2003b, S. 44). Großereignisse können somit als *machtvolles Instrument zur Unterstützung der internationalen Ausstrahlung und zur Förderung wirtschaftlicher und kultureller Aktivitäten"* gesehen werden (LECARDANE 2003, S. 176).

2.2 Mobilisierungswirkung

„Großprojekte in post-industriellen Städten, als Schnittpunkte zwischen Städtebau und Stadtentwicklung, sind Strategien, mit denen Investitions- und Wachstumspotenziale erzeugt und Zukunftsvisionen transportiert werden sollen" (SIMONS 2003a, S. 14). Da Großprojekte aber keine Routineaufgaben sind, benötigen diese eine Form der Stadtentwicklungspolitik, die abseits von herkömmlichen Planungsstrukturen arbeitet. Dabei spielt vor allem die Kooperation von öffentlichen und privaten Akteuren in Form von sogenannten Public-Private-Partnerships eine entscheidende Rolle. Zur Erleichterung und Beschleunigung der Umsetzung von Großprojekten werden Entwicklungsgesellschaften geschaffen, die privatrechtlich organisiert sind und ein verändertes Planungsverständnis aufweisen, das sich weg von den standardisierten Verwaltungsroutinen hin zu einer modernen, auf governance statt government gestützten, Planungsideologie bewegt (SIMONS 2003b, S. 35). Diese Veränderung des Planungsverständnisses ist gleichzusetzen mit dem Wandel des Staatsbildes innerhalb der Stadtplanungskultur, vom hierarchischen und hoheitlich handelnden hin zum kooperativen Staat, wobei das Verständnis von governance viel umfassender ist als der government-Begriff (PIERRE 1998, S. 5). Aufgrund der zahlreichen Akteure mit ihren unterschiedlichen Machtbereichen entsteht eine Vielzahl von Interaktionen, Prozessen und Interdependenzen (LEACH ET AL. 2007, S. 8) in Form eines Mehrstufensystems, in dem horizontale und vertikale Verflechtungen von der lokalen Institutionenebene bis hin zur supranationalen Ebene bestehen (SIMONS 2003b, S. 38).

Da bei der projektorientierten Entwicklungssteuerung statt abstrakter Programme und flächenhafter, top-down formulierter Pläne einzelne Projekte im Vordergrund stehen, bei deren Realisierung vor allem weiche Strategien wie beispielsweise kooperative Verhandlungssysteme angewandt werden, kann somit auch besser auf kurzfristige Probleme reagiert werden (SIMONS 2003b, S. 36f). Großprojekte sind demnach von Dezentralität und Vielstimmigkeit geprägt und in ihrer Gesamtheit flexibler und dynamischer als die alltägliche Verwaltung von Problemen innerhalb der bürokratischen Strukturen der Kommunalbehörden. Die hohen Investitionssummen, die für Großprojekte, häufig auch aus öffentlichen Mitteln, aufgebracht werden, eröffnen zudem neue Chancen zur Mobilisierung stadtentwicklungs-politischer Ressourcen und erlauben es meist, den Ausbau von harten und weichen Standortfaktoren voranzutreiben (KÜPPER & ROTHGANG 2003, S. 20f) oder langgehegte Projektideen, die aufgrund mangelnder Expertise, Finanzmittel oder nicht hinreichender Priorität bisher nicht umgesetzt werden konnten, anzugehen.

Großprojekte *„sollen der Stadt helfen, ökonomische Aktivitäten und Investitionen an sich zu ziehen, Fördermittel von übergeordneten Instanzen zu gewinnen und sich zu Konsum- und Tourismusdestinationen zu entwickeln, um Kaufkraft anzuziehen"* (HÄUSSERMANN & SIEBEL 1993, S. 31). So sind vor allem Infrastrukturmaßnahmen, wie beispielsweise der Ausbau des Flughafens Schönefeld zum neuen Flughafen Berlin-Brandenburg-International mit außerordentlich hohen finanziellen Kosten verbunden, die meist durch Gelder von europäischen-, Bundes- oder Landesfördermitteln finanziert werden (HUNING & PETERS 2003, S 9) Als Großinvestitionen binden Großprojekte daher eine beachtliche Summe an finanziellen Ressourcen sowie auch den personellen Einsatz von Akteuren und Aktivitäten aus den verschiedensten Bereichen, wie Wirtschaft, Verwaltung, Politik und Planung (Simons 2003b, S. 35).

2.3 Innenwirkung

Großprojekte gelten als Katalysatoren der Stadtentwicklung. Durch innovative Anstoßeffekte sollen sie sichtbare Fortschritte in der Entwicklung erzielen und brachliegende Flächen neu definieren oder aber untergenutzte Flächen stadtökonomisch aufwerten (SIMONS 2003b, S. 35). Die Revitalisierung städtischer Randlagen durch Großprojekte kann neues urbanes Leben initiieren. Durch neue Bürostandorte werden neue Arbeitsplätze geschaffen, die wiederum neue Initiatoren in die Stadt lenken können. Ebenso können Großprojekte in innerstädtischen Gebieten den funktionalen Wandel beschleunigen (Simons 2003a, S. 14). Eine auf Großprojekte gestützte Planungsstrategie kann so also zu einer beschleunigten Durchführung von Stadtbauprojekten führen, die mit den sonst üblichen traditionelle Planungsinstrumenten langwieriger und schwieriger umzusetzen wären (LECARDANE 2003, S. 177). Lecardane bezeichnet Großvorhaben geradezu als die einzigen Instrumente, *„die dazu in der Lage sind, planerisches Handeln zahlreicher Verwaltungseinrichtungen auszulösen, die häufig langsam und uneffektiv arbeiten, und zwar wegen der Befolgung etablierter Routinen und Interessen, die ein schnelles und effektives Handeln im städtischen Maßstab verhindern"* (LECARDANE 2003, S. 176).

Insgesamt sollen Großprojekte schwerpunktmäßig als Mittel zum Zweck dienen und die Attraktivität einer Stadt erhöhen. Dabei greifen die Projekte stets unterschiedliche Bereiche und Zielaspekte auf. Die Stadt kann dabei als Zentrum urbanen Lebens, Raum für Kreativität, Wirtschaftsstandort, Tourismusdestination oder Naherholungsziel gesehen werden, und je nach Projekt soll der eine oder andere Standortfaktor verbessert werden. So tragen Infrastrukturprojekte zu einer besseren Erreichbarkeit der Stadt und einer besseren Vernetzung innerhalb der städtischen Zentren bei, während Flagship-Image-Projekte und Urban-Renaissance-Projekte zu einer architektonischen Aufwertung und Steigerung der wirtschaftlichen sowie touristischen Aktivitäten in der Stadt beitragen sollen. Langfristig soll die Stadt für ihre Bewohner wie für die Touristen erlebbar sein und zu einem Ort des Wohlfühlens werden. Hierzu zählen vielfältige Lebensbereiche und –bedürfnisse, von kulturellen Angeboten hin zu einem Angebot von Naherholungsorten wie Parks und Seen, Sportstätten, Einkaufsmöglichkeiten aber auch individueller Wohnraum und ein vielfältiges Arbeitsplatzangebot. Denn heutzutage ist die Attraktivität einer Stadt und die Möglichkeit einer ausgeglichenen work-live-balance für den Großteil der Menschen, zumindest in der industrialisierten westlichen Gesellschaft und für Beschäftigte gerade im Technologiesektor, in der Kreativszene, im Dienstleistungssektor und in Wissenschaft und Forschung der entscheidende Faktor für die Standortwahl. All diese Umstände müssen bei der Umsetzung von Stadtentwicklungsplänen Berücksichtigung finden, um zu einer nachhaltigen Verbesserung der Stadtstruktur und zu einer erhöhten Lebensqualität beitragen zu können. Lecardane (2003, S. 176) verweist gar auf die von anerkannten Autoren ausgesprochene *„Notwendigkeit eines aus zahlreichen kleineren Projekten zusammengesetzten Gesamtplans [...], die auf eine Vervollständigung der existierenden infrastrukturellen Netze [...]"* zielt und zur Stärkung der Zentren beitragen soll. Die Auswirkungen von Großprojekten auf das innere Gefüge einer Stadt, auf ihre Struktur und Lebensqualität sollten sorgfältig abgeschätzt werden und bereits vor Beginn der Realisierungsmaßnahmen in möglichen Entwicklungsszenarien Berücksichtigung finden. Nur so kann eine Stadtentwicklungsstrategie die sich durch Projektplanung vollzieht langfristig und nachhaltig erfolgreich sein.

3 Risiken einer auf Großprojekte gestützten Planungsstrategie

Neben all den aufgezeigten Chancen die Großprojekte mit sich bringen, bestehen aber auch zahlreiche mit ihnen verbundene Risiken. Je nach Art des Großvorhabens können Fehleinschätzungen der Tragfähigkeit nach der Umsetzung des Vorhabens zu erheblichen Nachteilen und Problemen in dem betroffenen Stadtteil führen. Die Palette der möglichen Risiken ist breitgefächert. Zwar muss nicht jedes Großprojekt all diese Risiken und Schwächen bedingen, zumeist treten jedoch mehrere dieser Problemaspekte zugleich auf, so dass sie bei der Abwägung für oder gegen eine derartige Planungsstrategie eine gewichtige Rolle einnehmen sollten. Die möglichen Risiken einer auf Großvorhaben gestützten Planungsstrategie sollen nun überblicksartig vorgestellt und im Anschluss näher erläutert werden.

Abbildung 2: Übersicht Risiken, eigene Darstellung

3.1 Legitimation und Partizipation

Großprojekte werden häufig als „Allheilmittel" gesehen, mit denen eine gewinnorientierte Entwicklung angestoßen und eine breite Palette ambitionierter Ziele erreichet werden soll (DZIMOBA 2006, S. 68f). Da Großprojekte eine beträchtliche Summe an Finanzmitteln und personeller Ressourcen bündeln und gravierende Änderungen in der Stadtstruktur bewirken werden, gilt es bereits im Vorfeld eine positive Erwartungshaltung bezüglich der Konsequenzen der gewünschten Planung bei den Akteuren und betroffenen Bürgern zu wecken (BRUNSSON 1985, S. 29ff). Die politischen Versprechen, die mit Großprojekten verknüpft sind, sind jedoch nicht unproblematisch. So wird der Öffentlichkeit ein projektspezifisches Bündel von Zielaspekten in einer zumeist ausgesprochen positiven Färbung vorgestellt, wobei viele der sich oftmals gegenseitig eher ausschließenden Projektziele recht vage formuliert werden. So ist es auch nicht verwunderlich, dass während des Projektverlaufs aufgrund der diffusen und vielfältigen Zielrichtungen mehrfache Modifikationen hinsichtlich der Ausrichtung und Zielsetzung stattfinden müssen (SCHUBERT 2002, S. 23). Da die Großprojekte als Motor der Stadtentwicklung eine Antriebsfunktion übernehmen sollen, werden bereits in der Planungsphase die damit verknüpften Leitkonzepte kommuniziert und Zukunftsentwürfe für die Entwicklung der Stadt präsentiert. Ein Scheitern des Projektes käme einem Scheitern der gesamten Handlungsstrategie der Stadtplanung und einer Art verpassten Chance zum Anschluss an die Zukunft gleich (SIMONS 2003b, S. 44). Selbstverpflichtende Leitbilder erzeugen somit einen Erfolgsdruck, der den Blick für die Realität manchmal verstellt und die Handlungsspielräume für eine politische Steuerung von Großprojekten damit erheblich eingeschränkt. (SIMONS 2003b, S. 46ff).

Als wesentliche Rahmenbedingung von Großprojekten lässt sich zudem feststellen, dass die Zielvorgaben bereits in einer sehr frühen Phase der Projektplanung innerhalb eines geschlossenen Kreises von Akteuren vereinbart wurden, wodurch die Verhandlungs- und Beteiligungsverfahren nicht mehr über die notwendige Ergebnisoffenheit verfügen, die jedoch Grundvoraussetzung eines jeden ernst gemeinten Partizipationsverfahrens sein muss. Anderenfalls wird Bürgerbeteiligung auf reine Information reduziert oder auf kleine und eher nebensächliche Themen und Teilprojekte verlagert, die gerade noch ein Minimum an Spielraum bieten (SIMONS 2003a, S. 190f). So entstehen jedoch Legitimationsdefizite. Demokratische Kontrolle geht verloren und Beteiligungsansätze werden marginalisiert. Das Legitimationsdefizit ergibt sich auch aus dem Umstand, dass die Handlungsfähigkeit der Projektakteure von Bedingungen abhängt, die teilweise die Prinzipien (Transparenz, Öffentlichkeit und Partizipation) der demokratischen Legitimation missachtet. Bürgerbeteiligung hat dann, wenn sie beispielsweise ausschließlich in Form von Ausstellungen oder Veröffentlichungen stattfindet, nur symbolischen Charakter und soll lediglich der Information und Akzeptanzsicherung dienen (SIMONS 2003b, S. 46ff). Es wird also schnell deutlich, dass die hierarchischen Steuerelemente Recht, Geld und Macht nach wie vor nicht an Gewicht verloren haben, betrachtet man diejenigen Akteure, die an den Verhandlungen der Projektziele beteiligt sind und ihre Einflussmöglichkeiten geltend machen (SIMONS 2003a, S. 190f). Um planerische Ziele aber dauerhaft erfolgreich umsetzen zu können wäre in erster Linie ein demokratisch legitimierter Realisierungsanspruch von Nöten (HUNING & PETERS 2003, S. 12).

3.2 Polarisierung und Interessenkonflikte

Großvorhaben beweisen den Verantwortlichen der Politik und den Wählern zunächst Handlungsfähigkeit und die Fähigkeit, auch heterogene Interessen zu bündeln, *„wo sich aufgrund der Erosion der städtischen Öffentlichkeit, schwindender finanzieller Spielräume und der Struktur der stadtpolitischen Probleme keine tragfähigen Mehrheiten mehr ergeben"* (SIEBEL 2010, S. 104). Die Prioritätensetzung der Stadtpolitik zugunsten prestigeträchtiger Projekte, die ausstellungsfähig und medial zu vermarkten sind, führt aber angesichts der sozialen Folgeeffekte immer wieder zu massiven Ausgrenzungen, die mit den Hoffnungen auf einen wirtschaftlichen Aufschwung und dessen Nutzen für die Stadt insgesamt gerechtfertigt werden. Sickereffekte jedoch dringen wenig bis gar nicht bis zu den sozial Benachteiligten durch. Stattdessen ist häufig eine kleinräumige Verschärfung von Polarisierungseffekten zu beobachten, denn die Aufwertung einer Gegend ist mit der Steigerung von Immobilienpreisen verknüpft und ein explizites Ziel von Revitalisierungs-maßnahmen (ALTROCK 2007, S. 724). Aber *„nicht alles, was internationale Aufmerksamkeit findet, ist zugleich stadtentwicklungspolitisch geboten. Insbesondere ökologische und soziale Themen, die eine personalintensive und langfristige Lösung verlangen, geraten ins Abseits"* (SIEBEL 2010, S. 101). Statt einer Planung von Wohnraum und Angeboten zugunsten aller Bevölkerungsschichten erhalten meist Entertainment, Massenkultur und kommerzielle Nutzungen Vorrang. Ihr erhöhter Stellenwert führt letzten Endes aber nicht zu innenstadtnahen integrierten Nachbarschaften, sondern viel mehr zu neuen touristischen Hotspots oder Bürokomplexen (meist in kombinierter Form), die schließlich in ein Umfeld von gentrifizierten Wohninseln eingebettet werden (HUNING & PETERS 2003, S. 6). Denn die Hauptadressaten (gerade von Urban-Renaissance-Projekten) sind vorrangig urbane und suburbane Mittelschichten, also eher einkommensstarke Zielgruppen. Die Großprojekte sollen hinsichtlich der Nutzungsangebote, der Gestaltung und Sicherheit vor allem den Bedürfnissen dieser städtischen Eliten entsprechen, und weisen daher selektive, auf diese Zielgruppe ausgerichtete Maßnahmen auf (DZIOMBA 2007, S. 12f). Städte sind dann nicht mehr in erster Linie Lebensräume der Bevölkerung, sondern Spielplätze und Schaubühnen von Kapitalinteressen großer Unternehmen und deren Strategien (HUNING & PETERS 2003, S. 11).

Es leuchtet ein, dass somit anstelle einer bedarfsorientierten Konzeption häufig eine unverträgliche Konkurrenz zwischen neuen Projekten und dem Bestand entsteht. Da die Fördermittelgeber und Projektträger in ihren Rollen aber nicht immer klar voneinander getrennt sind, wird die Kontrolle über ein Projekt zusätzlich erschwert. Wenn Fördermittel-geber sich dann gegenüber Außenstehenden abschotten und sich nicht verpflichtet fühlen, Rechenschaft über den sinnvollen Einsatz öffentlicher Mittel abgeben zu müssen, verschärft sich dieser Konflikt. Die somit häufig starre Planung von Großprojekten sieht zudem selten einen alternativen Plan vor, für den Fall dass sich die anvisierte Nutzung als nicht realisierbar herausstellen sollte. (ALTROCK 2007, S. 725ff). Aufgrund von Interessenverflechtungen der Ökonomie und Politik droht somit die Gefahr, dass städtische Akteure die Projekte für den Imagegewinn des Standorts instrumentalisieren und zu voreilig unterstützen, ohne dass eine planerische Abwägung erfolgt wäre (HUNING & PETERS 2003, S. 13). Umso mehr ist die Forderung nach einer Einbettung von Großprojekten in eine integrative Gesamtstrategie nachvollziehbar, die zudem Ausgleichsangebote für die von der Planung benachteiligten Menschen als Notwendigkeit sieht (ALTROCK 2007, S. 724).

3.3 Haushalt und weitere Vorhaben

Ein weiteres Problem der auf Großprojekte gestützten Stadtentwicklungsstrategie sind Haushaltsrisiken, die dann vertretbar sein mögen, wenn es um eine Modernisierung der Infrastruktur und damit um eine Verbesserung von harten Standortfaktoren geht, nicht aber wenn es sich um die reine Profilierung mittels prestigeträchtiger Glanzprojekte handelt, deren alleiniges Ziel die Erzeugung von Aufmerksamkeit und ein Anlocken von kaufkräftiger Klientel ist (ALTROCK 2007, S. 724). So können Großprojekte Stadtentwicklungsprozesse zwar im positiven Sinne antreiben, sie können aber auch planvolles Vorgehen verhindern, indem andere Vorhaben mit konfligierenden Zielen verdrängt oder „normale" Projekte in den Schatten gestellt und somit verzögert oder sogar komplett verhindert werden (KÜPPER & ROTHGANG 2003, S. 20f). Zudem werden soziale und umweltbezogene Belange häufig in den Hintergrund gedrängt und unzureichend oder nahezu gar nicht berücksichtigt, so dass Walter Siebel, vielleicht etwas überspitzt aber in vielen Fällen doch zutreffend, konstatiert: *„Große Ereignisse entwickeln Oaseneffekte: In ihrem Glanz verschwindet alles andere im Dunkeln"* (SIEBEL 2010, S. 101).

Dass die finanziellen Kosten und Risiken eines Großprojektes angesichts der Einzigartigkeit, Neuartigkeit und Dimension des Vorhabens nur schwer abzusehen sind, mag zunächst noch einleuchten. Die jedoch geradezu notorisch auftretende Unterschätzung von finanziellen Risiken (FLYVBERG et al. 2002, S. 281) und Überschätzung von kommerziellen Potenzialen durch die Initiatoren von Großprojekten, muss, angesichts ihrer regelmäßigen Häufigkeit als *„strategische Missinterpretation"* (FLYVBERG et al. 2002, S. 290) gesehen werden, um die Projekte im Vorfeld positiver darzustellen und Handlungsfähigkeit herstellen zu können. Ein Eingeständnis von Kalkulationsfehlern oder der Möglichkeit unvorhersehbarer externer Entwicklungen wären bei der Umsetzung der Projekte hinderlich und könnten gar zu Legitimationsdefiziten führen (FLYVBERG et al. 2005, S. 137f).

Hinsichtlich der Planungssicherheit ist festzustellen, dass Großprojekte immer eine Mischkalkulation von öffentlichen und privaten Finanzierungsanteilen sind. Öffentliche und private Finanzressourcen werden in einem enormen Umfang gebündelt und sämtliche Anstrengungen auf ein einziges Großprojekt konzentriert, dass die Stadt, Region oder sogar das ganze Land schlagartig voranbringen soll. Dies bedeutet aber auch, dass Ressourcendefizite der öffentlichen Hand ein Abhängigkeitsverhältnis zu den privaten Akteuren bedingen. Da bei Großprojekten zudem lange Realisierungszeiträume vorherrschen, die in der Regel die Dauer einer Legislaturperiode weit übersteigen, muss ein politischer Grundkonsens hinsichtlich der städtebaulich erforderlichen Entwicklungsvorhaben bestehen, um deren Realisierung gewährleisten zu können. Eine Erfordernis dieser Kontinuität von politischen Entscheidungen ist aber mit einer Einschränkung der politischen Kontrolle gleichzusetzen (SIMONS 2003b, S. 45). Insgesamt erfolgt die Projektlegitimierung somit vordergründig durch Versprechungen, *„die angesichts einer Überschätzung von Standort- und Marktqualität und einer Unterschätzung der steuerungspolitischen und immobilienwirtschaftlichen Herausforderungen oft nicht eingehalten werden (können)"* (DZIOMBA 2007, S. 14).

3.4 Zukunftsprognostik

Großprojekte liegen außerhalb der täglichen Routinen, sie sind äußerst komplex, neuartig und daher in ihrer Entwicklung schwer vorherzusehen (SIMONS 2003b, S. 36). Die Überschätzung der Tragweite eines Projekts oder Ereignisses enttäuscht sowohl Besucher als auch Veranstalter und erschwert die komplexen Mobilisierungs- und Koordinationsprozesse, die mit einem derartigen Projekt verknüpft sind. Erst wenn die bedürfnisbezogenen und symbolischen Ziele der Stadtentwicklung mit den standortbezogenen Voraussetzungen übereinstimmen, ist eine Bündelung der notwendigen Kräfte und ein sinnvoller Einsatz der vorhandenen Ressourcen möglich (ALTROCK 2007, S. 722).

Großprojekte beginnen jedoch auch relativ schnell, ein Eigenleben zu entwickeln, das nur noch schwer zu steuern ist, wenn das Projekt erst einmal gestartet wurde. Dies ist besonders dann problematisch, wenn sich die Rahmenbedingungen ändern und ein Umsteuern nötig wäre (SIMONS 2003b, S. 43). Da Großprojekte aber als Prestigeprojekte gehandelt werden, wird die Einschätzung der Tragfähigkeit der Projekte und der dahinterstehenden Konzepte häufig in fragwürdigen Gutachten soweit legitimiert, dass Fakten geschaffen werden können, damit das Projekt zur Realisierung gelangt. Sobald öffentliche Mittel dann einmal geflossen sind gibt es kein Zurück (ALTROCK 2007, S. 723). Der früh eintretende sogenannte „point of no return", der kaum eine andere Ausstiegsstrategie bietet, als das Projekt bis zum Ende durchzuführen, wird daher als besonders problematisch gesehen. Um Schadensbegrenzung zu betreiben müssen dann Qualitätseinbußen in Kauf genommen werden, wenn sich beispielsweise seit Projektbeginn marktseitige Handlungsspielräume verschlechtert haben (DZIOMBA 2006, S. 77). Folgen hiervon sind nicht nur schlecht investierte öffentliche Gelder, sondern vor allem auch schlecht ausgelastete Einrichtungen mit geringen Arbeitsplätzen und dürftigen Angeboten aber hohen Unterhaltungsaufwendungen (ALTROCK 2007, S. 723).

„Planung als Management von Projekten ist ein Kind von ökonomischer Stagnation, öffentlicher Finanzkrise und Deregulierung, wobei die Großprojekte eine Extremform darstellen. Mit Ihnen wir die Hoffnung auf die Lösung einer unübersichtlichen Problemlage verbunden" (HÄUSSERMANN & SIEBEL 1993, S. 14). Damit sind die Schwachstellen einer auf Großprojekte gestützten Planungsstrategie vor allem: die Nicht-Berücksichtigung relevanter Interessen, versteckte finanzielle Risiken und die spannungsreiche Einbettung in den lokalen Kontext. Großprojekte können als organisatorische Antwort gewertet werden, kollektives Handeln zu ermöglichen, wenn eine große funktionale Komplexität unter Zeitdruck bewältigt werden muss (Ibert 2007, S. 58). Dass dabei nicht alle Belange in gleichem Maße zufriedenstellend Berücksichtigung finden können, scheint in der Natur der Sache zu liegen, muss aber bei der Realisierung von Großprojekten in der Zukunft kritischer hinterfragt und überprüft werden.

4 Fazit

Großprojekte tragen also ein großes stadtentwicklungspolitisches Potenzial in sich, sind aber zugleich auch mit erheblichen Risiken verbunden, deren langfristige Folgen auf die Stadtstruktur schwer in ihrem gesamten Umfang abzuschätzen sind. Da die Planung und Umsetzung von Großprojekten keine Routineaufgaben sind, sondern einen erheblichen und außergewöhnlichen Eingriff in das Stadtgefüge bedeuten,   durch den finanzielle und personelle Ressourcen in hohem Umfang gebunden werden, gilt es diese Risiken bereits im Vorfeld sorgfältig abzuwägen. Für die politische Steuerung ergeben sich damit folgende Konsequenzen: Die Großprojekteplanung bewegt sich außerhalb der normalerweise üblichen institutionellen Zusammenhänge einer demokratisch legitimierten Stadtentwicklungsplanung. Anstelle der rahmensetzenden Funktion, die der Stadtplanung innewohnt, tritt eine stärkere Handlungsorientierung in den Vordergrund (HUNING & PETERS 2003, S. 7f). Da Großprojekte mittlerweile zu einem beliebten Instrument der Stadtentwicklung geworden sind und ein Abweichen von dieser Form der Planungspolitik zumindest in den nächsten Jahren nicht absehbar scheint, ergibt sich die Notwendigkeit, an den Risikoaspekten der Großprojekteplanung anzuknüpfen und künftige Forschungen darauf zu konzentrieren, wie diese Probleme besser angegangen und gelöst werden können. Innerhalb der Planungstheorie ergeben sich damit zahlreichen neue Forschungsfragen.

Drei der wichtigsten Forschungsfelder werden von Huning und Peters (2003, S. 10) in ihrem Beitrag zum Thema Mega-Projekte und Stadtentwicklungspolitik aufgeführt. Diese sind Erstens: Das Verhältnis von Großvorhaben zu einer längerfristig ausgelegten Stadt- und Regionalentwicklung und die Frage wie diese langfristigen Perspektiven im Planungsprozess mit den zum Teil eher kurzsichtig angelegten Großprojekten zusammengeführt werden können. Berücksichtigung sollte auch die Frage nach der Bedeutung der Symbolik gegenüber der Bedeutung des realen Nutzens eines Projektes finden. Zweitens: Aus steuerungstheoretischer Perspektive ist der Wandel von einer durch formelle Instrumente getragenen Planung hin zu einer neuen von informellen und kooperativen Verfahren dominierten governance-Politik interessant. Dabei ist vor allem der Aspekt der demokratischen Legitimation und der Transparenz des Planungsverfahrens wichtig, der künftig auch bei diesen neuen institutionellen Formen gewährleistet sein muss. Und Drittens: Da Großprojekte Eingriffe in bestehende Stadtstrukturen in einer extremen Dimension bedeuten, müssen vor allem hinsichtlich der Risikoabschätzung und Risikokontrolle neue Mechanismen entwickelt werden. Zwar ist nicht ganz klar, ob sich Planungsfolgen überhaupt zuverlässig prognostizieren lassen, dennoch ist eine erhöhte Sensibilität und der Einbau von Zwischenprüfungsphasen und –mechanismen dringend erforderlich, so dass Korrekturen im Verlauf des Planungs- und Umsetzungsprozesses möglich sind und die bereits angesprochene Eigendynamik der Großprojekte vor dem Eintreten des „point of no return" gebremst werden kann.

Großprojekte können also ein gutes Mittel zur Beschleunigung von stadtentwicklungs-politischen Maßnahmen sein, neue Schwerpunkte setzen und als Leuchttürme der Stadtentwicklung zu einem verbesserten Image einer Stadt führen, die somit mehr Strahlkraft besitzt und über die Grenzen der Region hinaus neue Touristen und Kaufkraft anlockt. Wenn aber Großprojekte rigoros über die Köpfe der Bürger hinweg entschieden, instrumentalisiert und dann ohne Abwägung von Alternativen durchgesetzt werden, wie es derzeit im Fall des

Bahnhofs-Großprojektes „Stuttgart 21" der Fall zu sein scheint, muss mit heftigem Widerstand gerechnet werden und ein Einlenken wird mehr als erforderlich.

Die jüngste Vergangenheit hat gezeigt, dass Bürger nicht mehr ohne Weiteres sämtliche top-down Entscheidungen wortlos hinnehmen, sondern für ihre Städte, ihren Lebensraum auf die Straße gehen und von ihrem Demonstrationsrecht, das als Bestandteil der demokratischen Kontrolle und Partizipation gesehen werden muss, Gebrauch machen. Auch wenn die Umsetzung gerade von Großvorhaben große und vielfältige Expertise benötigt, sollten doch auch die Stimmen aus der Bevölkerung gehört werden, da diese oftmals einen anderen, manchmal gar praxisnäheren, in jedem Fall aber sensibleren Blick auf mögliche Auswirkungen von derartigen Projekten auf kleinräumiger Maßstabsebene und die dortigen Lebensumstände haben. Aktuelle Projekte, wie der Bau der Waldschlösschenbrücke in Dresden, die Realisierung des Mediaspree Projektes in Berlin, der Bau der Elbphilharmonie auf dem neuen Gelände der Hafencity Hamburg oder aber der Bahnhofsumbau in Stuttgart, haben alle Diskussionen entfacht und teilweise erhebliche Widerstände von Bürgern hervorgerufen und zeigen deutlich die veränderte, kritisch hinterfragende Haltung des Volkes gegenüber großdimensionierten Stadtentwicklungsprojekten.

Großprojekte können also, sinnvoll und wohlüberlegt eingesetzt, und in den gesamtstädtischen Kontext eingebettet, durchaus zu einer positiven Entwicklung von Städten beitragen, eine rein auf Großvorhaben gestützte Strategie der Stadtentwicklung, scheint aber angesichts der aktuellen Diskurse und der damit zusammenhängenden, in dieser Arbeit zusammengefassten, Problematik weniger ratsam.

Literaturverzeichnis

Altrock, U. (2007): Am Morgen danach: Großereignisse und Ihre Folgen. In: *Informationen zur Raumentwicklung, Heft 12.2007*, S. 719-730.

Brunsson, N. (1985): *The Irrational Organization. Irrationality as a Basis for Organizational action and Change.* Chichester: John Wiley & Sons.

Bunzel, A. & Sander, R. (1999): Städtebauliche Großvorhaben in der Umsetzung. Dokumentation des Symposiums am 22. und 23. Juni in Berlin. *Difu-Materialien, 6.* Berlin.

Dziomba, M. (2006): Großprojekte auf innerstädtischen Brachflächen. Revitalisierungs- und Vermarktungsprozesse und ihr Einfluss auf den Projekterfolg. *Berichte zur deutschen Landeskunde, 80 (I)*, S. 65-84.

Dziomba, M. (2007): Städtebauliche Großprojekte der Urban Renaissance. Projektziele im Spannungsfeld zwischen öffentlicher Steuerung und Immobilienmarktmechanismen. In: *disP 171, 4/2007*, S. 12-24.

Dziomba, M. & Matuschewski, A. (2007): Großprojekte in der Stadtentwicklung - Konfliktbereiche und Erfolgsfaktoren. Wie lassen sich finanzielle Erfolge, städtebauliche Quallitäten und Nutzungsmischungen erreichen? In: *disP 171, 4/2007*, S. 5-11.

Flyvberg, B., Holm, M. S., & Buhl, S. (2002): Underestimating Costs in Public Works Projects. Error or Lie? In: *Journal of the American Planning Association, 68(3)*, S. 279-295.

Flyvberg, B., Holm, M. S. & Buhl, S. (2005): How (In)accurate are Demand Forecasts in Public Work Projects? The Case of Transportations. In: *Journal of the American Planning Association, 71(2)*, S. 131-146.

Häußermann, H., & Siebel, W. (1993): *Festivalisierung der Stadtpolitik. Stadtentwicklung durch große Projekte.* Leviathan-Sonderheft, 13. Opladen.

Heineberg, H. (2006): Stadtgeographie. Paderborn.

Huning, S., & Peters, D. (2003): Mega-Projekte und Stadtentwicklung. In: *Planungsrundschau 8*, S. 5-14.

Jordan, A. (2008): *Ein neues Stück Paris. Planungsdiskurse, Referenzen und die Formierung eines urbanen Images im städtebaulichen Großprojekt Paris Rive Gauche.* Weimar.

Küpper, U. I. & Rothgang, E. (2003): Revitalisierung der Stadtentwicklungspolitik. In: Küpper, U.I., Henckel, D., Rothgang, E. & Kiepe, F. [Hrsg.]: *Die Zukunft unserer Städte gestalten - Chancen aus Krisen. Neue Schriften des Deutschen Städtetags, 85*, S. 14-38.

Leach, M., Bloom, G., Ely, A., Nightingale, P., Scoones, I., Shah, E., Smith, A. (2007): *Understanding Governance: Pathways to sustainability.* STEPS Working Paper 2, Brighton: STEPS Centre.

Lecardane, R. (2003): Territorium, Stadt, Großereignisse. Das Beispiel der Expo 1998 Lissabon. In: *Planungsrundschau 8*, S. 176-190.

Pierre, J. (1998): Public-Private-Partnerships and Urban Governance: Introduction. *In: Pierre, J. [Hrsg.]: Partnerships in Urban Governance: European and American Experience. Houndsmill et al.: Macmill Press,* S. 1-10.

Schubert, D. (2002): Revitalisierung von (brachgefallenen) Hafen- und Uferzonen. In *Schubert, D. [Hrsg.]: Hafen- und Uferzonen im Wandel: Analysen und Planungen zur Revitalisierung der Waterfront in Hafenstädten.* S. 15-36. Hamburg.

Siebel, W. (2010): Stadtpolitik mittels großer Ereignisse. In: *RegioPol eins 2010*, S. 99-106.

Simons, K. (2003a): *Politische Steuerung großer Projekte. Berlin Adlershof, Neue Mitte Oberhausen und Euralille im Vergleich.* Stadtforschung aktuell, 91. Opladen.

Simons, K. (2003b): Großprojekte in der Stadtentwicklungspolitik: Zwischen Steuerung und Eigendynamik - das Beispiel Euralille. In: *Planungsrundschau 8*, S. 35-50.